W0370691

Les Campeurs 3

Les petits rats de l'apéro

Scénario
VEERLE SWINNEN & DUGOMIER
Dessins et couleurs
ERIC MALTAITE

BAMBOO ÉDITION

Copyright © **2010 BAMBOO ÉDITION**
116, rue des Jonchères - BP 3
71012 CHARNAY-LÈS-MÂCON cedex
Tél. 03 85 34 99 09 - Fax 03 85 34 47 55
Site Web : www.bamboo.fr
E-mail : bamboo@bamboo.fr

Tous droits de traduction, d'adaptation et de reproduction strictement réservés pour tous pays.

PREMIÈRE ÉDITION
Dépôt légal : juillet 2010
ISBN : 978-2-8189-0092-5

Printed in France
Imprimé et relié en France par PPO Graphic, 91120 Palaiseau.

?!
TWIK TWIK TWIK TWIK TWIK
TWIK TWIK TWIK
LA CARAVANE FAIT UN DRÔLE DE BRUIT... EN QUARANTE ANS DE CAMPING, C'EST LA PREMIÈRE FOIS QUE J'ENTENDS ÇA !...
RIEN, JE NE VOIS RIEN D'ANORMAL !...
ON NE PEUT PAS EN VOULOIR À CETTE VIEILLE CHIGNOLE DE COUINER UN PEU, TOUT DE MÊME !
JE VEUX EN AVOIR LE CŒUR NET... MONTE À BORD DE LA CARAVANE, TU M'INDIQUERAS D'OÙ VIENT LE BRUIT EN PASSANT LE BRAS PAR LA FENÊTRE...
BIEN.
TWIK TWIK WIK IK
BEN QUOI ?... ELLE SE DÉCIDE ?
DITES, JE VOUS SUIS DEPUIS QUELQUES KILOMÈTRES... VOTRE CARAVANE, LÀ, C'EST VRAIMENT PAS NET !...
OUI, JE SAIS.
OUAIS, C'EST PAS NORMAL... J'APPELLE LA GENDARMERIE !
HÉ, HO ! ÇA VA HEIN !
PLIP PLIP PLIP
Z'ALLEZ PAS M'EMM... PARCE QUE CETTE VIEILLE CHIGNOLE COUINE UN PEU...
BOM BOM BOM
RHAÂÂ À L'AIDE ! LES FENÊTRES SONT BLOQUÉES !!! DE L'AIR !!!

REGARDE CHÉRIE ! NOUVEAU !
?
UN MATELAS AUTOGONFLANT ! TOUT BON CAMPEUR DOIT EN AVOIR UN !
ET TU CROIS QU'ON A LA PLACE POUR CE GADGET ?
CLIC
VRRRRRRR
PSCHHHHHH...
ALLONS, ALLONS, PAS DE MAUVAIS ESPRIT, TU PARLES AU ROI DU RANGEMENT !
NAGUÈRE, J'ÉTAIS IMBATTABLE AU TÉTRIS !...
MAGIC MATELAS
ÇA VA DERRIÈRE, PAS TROP SERRÉS ?...
VROÔÔ
BEN ...
ON NE SAIT PLUS OÙ POSER LES PIEDS ICI...
HEULA !
VRRRRR
PSCHHHHH
PSCHHHHHH
HÉ !
C'EST DONC ÇA LES NOUVEAUX AIRBAGS KINGSIZE ...
ON FAIT COMMENT POUR LES SORTIR DE LÀ, CHEF ? JE CRÈVE CE MACHIN ?

ACCUEIL
ACHTUNG
MINEN
HÉ, LES GARS, VENEZ VOIR, RUSTINE EST ARRIVÉ !
CRITCH...
BEN, T'AS EU UN SACRÉ ACCIDENT !
BOAH, JUSTE UN PEU DE TÔLE FROISSÉE...
'LUT
SMACK
UN CYCLISTE !
ENFIN UN CYCLISTE DANS CE CAMPING ! ON VA ROULER ENSEMBLE, NON ?
EUH... OUI, CERTAINEMENT, ÇA TOMBE BIEN...
'TENTION, HEIN ! TOURMALET, ALPE D'HUEZ, VENTOUX... RIEN NE M'ARRÊTE, MOI !
PARFAIT ! J'ENCOURAGE L'ACHARNEMENT !
ÇA VOUS DIT, UNE PETITE MISE EN JAMBE ? CE SOIR À 20 HEURES ?
AH BEN OUI ! POURQUOI ATTENDRE ? À CE SOIR !
20 HEURES PÉTANTES ! ALLEZ EN PISTE !
WAH ! PRO ! LE VÉLO MONTÉ POUR L'ÉCHAUFFEMENT !
MMH... VOUS VOULEZ ESSAYER !
ENCORE UNE HEURE ET LES BATTERIES SERONT CHARGÉES À FOND !
FRIDGE

UN GRAND MERCI À STÉPHAN COLMAN SANS QUI CE GAG N'AURAIT JAMAIS EXISTÉ

...
22
CURIEUX QU'ILS SOIENT PAS ENCORE LÀ!
BEN OUI, VONT RATER LE PREMIER APÉRO !...
BIZARRE, POUR DES GENS QUI ONT 40 ANS DE CAMPING DERRIÈRE EUX...
EH, BOSS, VOUS SAVEZ POURQUOI ALBERT ET CÉCILE NE SONT PAS ENCORE ARRIVÉS?
BEN NON...
NORMALEMENT, ILS ÉTAIENT PRÉVUS POUR AUJOURD'HUI...
IL N'Y AVAIT POURTANT PAS DE GRÈVES PRÉVUES AUX PÉAGES.
IL Y A DE QUOI ÊTRE INQUIET!
IL N'Y A PAS DE BOUCHON!
...NI DE MANIF!
BAH, D'UN AUTRE CÔTÉ, ILS SONT RETRAITÉS, ILS ONT TOUT LE TEMPS! ILS DOIVENT FAIRE ÉTAPE DANS UN COIN BUCOLIQUE, COMME ÇA, SUR UN COUP DE TÊTE...
TUUT TUUT TUUT POOON!
PWAAAP
BROO
WHAM
TRANS PORC
GINO
JE L'AVAIS BIEN DIT QU'IL Y AVAIT UN DRÔLE DE BRUIT...
OUI, ET MÊME QU'APRÈS, IL Y A EU CE GRAND BRUIT. ÇA FAIT DIX FOIS QUE TU LE DIS!

ESSIEU BRISÉ NET, FAUT CHANGER! C'EST DE LA FABRICATION THAÏLANDAISE SOUS-TRAITÉE AU CHILI SOUS LICENCE TCHÈQUE. DÉLAIS DE LIVRAISON : DEUX À TROIS SEMAINES...
DÉPANNAGE
VOYAGES U.L
TEAM
80
60
03AC850
MON DIEU, MON DIEU, MON DIEU...
T'INQUIÈTE, CÉCILE, LE MONSIEUR VA NOUS DÉPOSER AU CAMPING AVEC SON CAMION PLATEAU...
NOPE!
VOTRE ASSUREUR EST FORMEL: RÉPARER SUR PLACE: OUI, RAPATRIEMENT: OUI, CONDUIRE SUR LE LIEU DE SÉJOUR: NON!
J'APPELLE MON COURTIER !!!
CLAUSE SUSPENSIVE 4BIS + AVENANT 24R + EFFET RÉTROACTIF + ALINÉA 29BIS + LOI DU 23/02/1958 = VOUS L'AVEZ DANS LE BABA!
ALORS?
SACHEZ MONSIEUR, QU'EN QUARANTE ANS DE CAMPING, JE N'AI JAMAIS FAIT DEMI-TOUR! NOUS CAMPERONS ICI EN ATTENDANT L'ESSIEU!
ON S'INSTALLE COMME D'HABITUDE, ON SERA TRÈS BIEN!
B... BIEN...
WHAM
VROAM
VROUM
UN PARPAING POUR L'HORIZONTALITÉ ET LE AUVENT POUR L'INTIMITÉ. ON VA ÊTRE SUPER COOL!
...QUAND MÊME, ON AURAIT PAS DÛ METTRE LE AUVENT, ÇA VA FAIRE PLUS DE TRAVAIL QUAND IL FAURA PARTIR.
MEUH, NON...
UN AUVENT, ÇA SE DÉMONTE EN DEUX MINUTES...

BOUHOU HOU
TU AS ENTENDU, LOVE? UN HIBOU!
OUI, C'EST BEAU LA NATURE, HEIN?
BÊÊÊÊÊ
UNE CHÈVRE MAINTENANT !!!
BIQUETTE, COMME C'EST MIGNON...
CIGALES!
KSSS KSSSS KSSS KSSSS KSSS KSSSS KSSS
PAGNOL!
LA GARRIGUE MMM...
MIAOU
CHAT!
FAUCON!
VACHE!
MEUH
GERMAINE! OÙ C'EST QU'EST LE DENTIFRICE!
CHERCHE TOI-MÊME FAINÉANT!
VOISINS!

MA FEMME VOULAIT UNE CARAVANE ET MOI, JE VOULAIS UNE TENTE, ALORS, ON A TROUVÉ UN COMPROMIS...
?
ACCUEIL
W.C.
19

DEUX JOURS DE RETARD !... MAIS OÙ DIABLE CÉCILE ET ALBERT SONT-ILS DONC PASSÉS ?
ILS ME MANQUENT... DIRE QU'ON AVAIT TOUS RÉSERVÉ À TEMPS POUR ÊTRE VOISINS ...
OUAIS, DE BONS VOISINS, C'EST LA MOITIÉ DES VACANCES RÉUSSIES !
10
VOILÀ LE BOSS !
PFFIOU !... L'A L'AIR ENCORE PLUS SOUCIEUX QUE NOUS !
NON, TOUJOURS PAS DE NOUVELLES D'EUX, HÉLAS... JE SUIS VRAIMENT INQUIET.
PAUVRE GARS, JE NE LE SAVAIS PAS AUSSI ATTACHÉ À SES CAMPEURS.
IL EST INVESTI D'UNE MISSION... UN PEU COMME LE GRAND SCHTROUMPF DANS SON VILLAGE...
WOW ! Z'AVEZ VU ?...
BEN QUOI ?!
LE BOSS, IL FONÇAIT COMME UNE BALLE, IL AVAIT L'AIR RÉJOUI DES GRANDS JOURS ...
CÉCILE ET ALBERT DOIVENT ÊTRE ARRIVÉS.
CHÉRIE, CHÉRIE VIENS VOIR !
LE COUP DE BOL, UNE FAMILLE DE SIX ! POUR QUINZE JOURS ! ET ILS CONSOMMENT COMME DES FOUS !
Hard Rock
BEER
BEER
KRO
DIP

?!!
FROUTCH
FROUTCH
?
?
?
J'SAIS PAS CE QUE JE DOIS EN PENSER... MAIS CES VOISINS SONT INSUPPORTABLES, ILS PRENNENT DES RACCOURCIS PAR NOS EMPLACEMENTS À LONGUEUR DE JOURNÉE !
OUAIP! C'EST PAS CORRECT, UN EMPLACEMENT, C'EST PRIVÉ!
ÇA NE PEUT PAS DURER!
LE PLUS SIMPLE, C'EST DE LEUR EXPLIQUER
QUOIQUE
PIET BUHLL
PURE TRASH ROCK
HU, HU... EN FAIT, IL SUFFIT DE BLOQUER LE PASSAGE
VOILÀ! C'EST PAS POUR RIEN QU'ON M'APPELLE "Mr SYSTÈME D"
VROM
QU'ILS Y VIENNENT MAINTENANT!
?!
ZIIIP
GNI
ME MYSELF AND I

PIET
ALLEZ!
LANCEZ LA SUITE DU MATOS!...
HOP!
HOP!
HOUBA!
MAIS!
?
HÉ! VOUS GÊNEZ PAS, HEIN! CHEZ VOUS, C'EST DE L'AUTRE CÔTÉ!!!
DE QUOI !!!
HÉ, HO! C'EST L'OMBRE DE NOTRE ARBRE!
ON VA QUAND MÊME PAS TAPER LA CARTE EN PLEIN SOLEIL!

COMMENT? VOTRE CAMPING-CAR N'A JAMAIS ÉTÉ CAMBRIOLÉ ?!
BEN NON...
GLOU GLOU
COCHE
EH BIEN, À NOUS, ÇA NOUS ARRIVE TOUT LE TEMPS !...
AH BON ?
EURO
POURTANT ON FAIT SUPER GAFFE, ON EST HYPER PRÉVENTIF !
ROL ROL ROL
ROL ROL
DÉJÀ, ON S'HABILLE QUASI DÉBRAILLÉ POUR PAS ATTIRER L'ATTENTION...
MMH...
ROL ROL ROL ROL
SURTOUT, ON NE LAISSE RIEN D'APPARENT DANS LE CAMPING-CAR. ON CACHE ORDINATEURS PORTABLES, APPAREILS PHOTO, ET AUTRES GSM ...
MALGRÉ ÇA, TROIS FOIS PAR MOIS, CRAC ! PORTE FRACTURÉE ET NOS RICHESSES, ENVOLÉES !
MOI, ÇA NE M'ARRIVE JAMAIS !
ON SE DEMANDE VRAIMENT À QUOI ÇA TIENT !?
OUAIS !
PLIP

LE BARBECUE, C'EST TOUTE UNE SCIENCE ...
ABSOLUMENT ! ...
LA BRAISE DOIT ÊTRE À POINT...
IDÉALEMENT, UN MINCE MANTEAU DE CENDRES DOIT COUVRIR LE CHARBON DE BOIS INCANDESCENT ...
SINON LES SAUCISSES, ELLES BRÛLENT ...
OUAIP, ELLES BRÛLENT !
SI, MALGRÉ TOUT, LES FLAMMES MENACENT LE REPAS, IL RESTE LA BOUTEILLE D'EAU, QUELQUES GOUTTES SUFFISENT POUR MODÉRER LES ARDEURS DU FEU !
PSCHIII
PSSIIT !... MOI AUSSI J'AI UNE BOUTEILLE ...
CALV XXX 50°
POUR ...
EMPÊCHER LES SAUCISSES DE...
GLOU GLOU
VLOUF !
... BRÛLER !

VROP VROP VRÔÔÔÔM!
ÇA NE VA PAS DU TOUT, ÇA!
C'EST INSUPPORTABLE!
FAUT ALLER VOIR LE BOSS!
OUAIS!
FAUT QUE ÇA CESSE, PATRON!
CES NOUVEAUX VOISINS SONT TROP BRUYANTS, CE SONT DES SAUVAGES. C'EST UN CAMPING CALME, ICI!...
OUAIS!
VOUS AVEZ TOUT À FAIT RAISON! JE VAIS LEUR EN PARLER!
YES!
BRAVO!
OUÉÉÉH!
SI ÇA LEUR PLAÎT PAS, ILS DÉGAGENT!
ON VOUS FAIT CONFIANCE BOSS!
ON VA ENFIN AVOIR UN PEU DE PAIX...
ÉPICERIE
VOUS TOMBEZ BIEN J'AI JUSTEMENT UN TRUC À VOUS DIRE...
AH BON?!
PIET BUHLL
BROUF
CARAMEL
FRUTI
ESKIMO PISTACHE
CHIPS
ANDY
Z'AVIEZ UN TRUC À NOUS DIRE?...
EUH... OUI... LES CLIENTS COMME VOUS SONT TOUJOURS LES BIENVENUS...
TING!
AVEC LA BIÈRE, ÇA VOUS FERA...

ALORS, MON CHER... DE PETITS SOUCIS À SE SERVIR D'UN MAILLET ?...
ON S'AMUSE COMME ON PEUT, VOYEZ-VOUS !
GRMBMBLMB
CE N'EST PAS QUE CE SOIT VRAIMENT IMPORTANT... MAIS, QUESTION D'EGO, ÇA ME FERAIT PLAISIR D'ÊTRE RECONNU COMME UN VRAI CAMPEUR !
MON ODORAT INFAILLIBLE ! VOILÀ LE TRUC QUI DEVRAIT LES ÉPATER !
IL N'EST PAS UNE ODEUR DE BARBECUE QUE JE NE PUISSE IDENTIFIER.
SNIF
FACILE, STEACK AUX HERBES DE PROVENCE !
MMH... POULET AU CITRON.
SARDINES ! UN DÉFI POUR UN P'TIT GARS DE NEUILLY COMME MOI !
SNIF
UN ULTIME BARBECUE ET JE SERAI PRÊT POUR L'IMPLACABLE DÉMONSTRATION !
!?
RAHHH ! DIESEL SAUCE FIOUL LOURD !
MILLIARD ! L'EST TOUT ENCRASSÉ C'TE MOULIN !
BRÔÔ BRÔÔ PET PET
MOI, POUR DÉSENGORGER LES INJECTEURS, J'METS UN PEU D'ÉTHER !

MAIS OUI, TU PEUX RÉCUPÉRER TA CHAMBRE DANS NOTRE TENTE...
ADIEU LA BÊTE À DEUX DOS!... EN TOUT CAS POUR NOUS...
VONT ÊTRE CHOUETTES LES VACANCES... POURQUOI N'AI-JE PAS RÉSERVÉ UNE CELLULE DANS UN MONASTÈRE?...
`TAIN!... Z'AVEZ VU LA MÉTÉO?...
MANQUAIT PLUS QUE ÇA...
GNÉ, GNÉ, GNÉ... DE L'ORAGE!... MAIS!... LE CIEL NOUS VIENT EN AIDE!
?
MÉTÉO
KRAAAK
BLOMBOLOMBOLOM BOLOMB
YES! LA NATURE EST AVEC NOUS! CET ORAGE COUVRIRA LA PASSION DE NOS ÉBATS, MON AMOUR!
MON LOUP!
PRÊTE POUR LE GRAND ... MAIS... ?...
?
OH, OUI!
J'AI PEUR DE L'ORAGE!
JE VIENS DORMIR AVEC VOUS!
FAITES MOI UNE PETITE PLACE ENTRE VOUS DEUX, CE SERA PARFAIT!
BLOMBOLOMBOLOM BOLOM BOLOM
C'EST RIGOLO, ON NE T'A PAS ENTENDUE VENIR...

VRO30
RENAULT
MAIS ENFIN, ALBERT, TU AURAIS PU PRENDRE LA VOITURE.
TARATATA, EN QUARANTE ANS DE CARAVANING, JE N'AI JAMAIS ÉTÉ CHERCHER LES CROISSANTS AUTREMENT QU'À PIED !

C'EST TOI QUI DEVAIS METTRE LA TENTE DANS LE COFFRE!!! ON VA LA PASSER OÙ, LA NUIT? ABRUTI!
CERTAINEMENT PAS! MOI, JE DEVAIS M'OCCUPER DE LA NOURRITURE!
Z'INQUIÉTEZ PAS, LES GARS!...
MANGER
CET OUBLI EST UNE BÉNÉDICTION. LES HOLLANDAISES NE POURRONT PAS NOUS REFUSER L'HÉBERGEMENT...
LAISSE-MOI DEVINER...
LAISSE TOMBER!
LES GARS, LES GARS!... LE BOSS M'A REFILÉ UN PLAN GÉNIAL!
AH?
TIENS
OUAIS! SUFFIT DE PASSER À L'ACCUEIL ET IL NOUS CASE AVEC UNE QUÉBECOISE!
NON!?...
SANS BLAGUE?!
IL SUFFIT DE LA PRENDRE QU'IL A DIT! PARAÎT QU'ELLE EST FACILE!
ARF!
GLUPS!
PREM.!
HÉ! DÉPASSEZ PAS!
MOI D'ABORD!!!
ON DIT UNE CANADIENNE, PAS UNE QUÉBECOISE, ABRUTI!
EN PLUS, C'EST MÊME PAS VRAI QU'ELLE EST FACILE À MONTER!
Z'ÊTES JAMAIS CONTENTS. VOUS PRÉFÉREZ DORMIR DANS LES BRAS DE DAME NATURE, SANS DOUTE!...
MANG

Z'ALLEZ VOIR LES GARS, ON VA ARRIVER À LA FAIRE TENIR DEBOUT CETTE CANADIENNE !
PAF PAF
LE BOSS M'A EXPLIQUÉ : FAUT TENDRE LES ÉLASTIQUES DANS L'AXE DES COUTURES ...
CRRRR
VOILÀ LE TRAVAIL !
C'EST QUOI CE PETIT BRUIT BIZARRE QUI FAIT "CRRR" ?
CRRRR
CRRR
CLAC
CLAC
CLAC
CLAC
BEN ÇA !...
BLOF !
LES ÉLASTIQUES ONT DÛ DURCIR PENDANT L'HIVER.
ON EST SAUVÉS LES GARS ! IL Y A UN KIT D'ÉLASTIQUES DE RECHANGE AU FOND DU SAC !
EN ESPÉRANT QU'ILS N'AIENT PAS DURCI EUX AUSSI !...
JE LES TESTE ILLICO !
CRRRR
CRRRR
AÏE, AÏE, AÏE, J'ENTENDS DÉJÀ CE PETIT BRUIT MAUDIT...
C'EST HORRIBLE ! JE NE VEUX PAS VOIR ÇA !...
CRRRR
CRRRR

OCCUPÉ !
SERAIL 2000
IN GOODS WE TRUST

GAMIN ! C'EST TON TOUR DE FAIRE LA VAISSELLE !
GRMMBL !...
KRASH
PROUT
MÜT MÜT MÜT
ME DEMANDE BIEN À QUOI ÇA SERT... DE TOUTE FAÇON, C'EST POUR LA SALIR À NOUVEAU !...
GROUILLE-TOI ET N'OUBLIE RIEN !
EN ROUTE POUR LA CORVÉE !
L'AVAIT PAS MIS SON MAILLOT DE BAIN, LÀ ?
ET... ET... LE RESTE...
TU NE VOUDRAIS PAS QU'IL FASSE LA QUEUE AUX SANITAIRES AVEC LES AUTRES CAVES ?... AU MOINS, À LA PISCINE, IL VA SE FAIRE DES COPAINS...
?

AS-TU REMARQUÉ, CHÉRI, L'EFFET QUE FAIT UN SIMPLE BUSTIER SUR CES MESSIEURS ?...
ÉTONNANT !
Hard Rock
RANG
SN-03
AJOUTONS CE STRING POUR VOIR SI CELA MET LEURS PHÉROMONES EN ÉBULLITION...
TRÈS DRÔLE ...
GAGNÉ !
CE N'EST QU'UN DÉBUT !
DE TOUTE FAÇON, NOUS N'AVONS RIEN EN COMMUN AVEC CES PLOUCS ! AUTANT S'EN MOQUER !
BIEN HOT LE PORTE-JARRETELLE ! ...
UNE PETITE TOUCHE PERVERSE AVEC CE TEE-SHIRT NOIR QUE JE VIENS DE LACÉRER...
J'AI PIQUÉ LES MENOTTES AU GAMIN DU VOISIN, ON DIRAIT DES VRAIES !...
...LA TOUCHE FINALE ?... UNE CRAVACHE QUI VIENT DU MANÈGE D'À CÔTÉ, HÉ, HÉ ...
T'AS VU ÇA, BIQUETTE ? TU AURAIS CRU ÇA D'EUX ?...
HA, HA, HA ! QUELLE RIGOLADE !
LEUR TÊTE, TU AS VU LEUR TÊTE ?
TOC TOC TOC
TOC, TOC TOC ?
VA VOIR, ON A FRAPPÉ !
NOUS SAVIONS QUE NOUS FINIRIONS PAR NOUS TROUVER UN POINT COMMUN ! ALORS, CHEZ VOUS OU CHEZ NOUS ?!
!!

ELLE TIENT ENFIN DEBOUT! CETTE TENTE ANTÉDILUVIENNE NOUS EN AURA FAIT VOIR!
OUAIS, ET ÇA M'A DONNÉ FAIM!
TROP TARD POUR ALLER FAIRE DES COURSES!
DIT IS VOOR JULLIE!
?
LES HOLLANDAISES!
DES POMMES DE TERRE!
COMMENT ELLES ONT DEVINÉ QU'ON AVAIT FAIM?
'CHAIS PAS, MAIS ELLES SONT RADINES... JUSTE DEUX POMMES DE TERRE!
NEE! DAT IS NIET OM OP TE ETEN!
?
KIJK. ZO MOETEN JULLIE DOEN!
?
PROTCH
ÉTRANGE COMME COUTUME!
A MON AVIS, C'EST SYMBOLIQUE!
PEUT-ÊTRE QU'AUX PAYS-BAS, C'EST UN RITUEL POUR RAPPROCHER FILLES ET GARÇONS...
OUAIS, UN SIGNE D'OUVERTURE! ON VA SE LES FAIRE!
M'EN TAPE DU MESSAGE! TROP FAIM!
Z... Z... Z...
BROMBOLOMBOLOM
KRAK!
HÉ, LES GARS, J'AI COMPRIS A QUOI SERVAIENT LES POMMES DE TERRE!
LA FERME, PATATE!!!

ESSAYE DE DORMIR...
!!!
AAARHAA
JE N'EN PEUX PLUS!
PLEIN LE DOS!...
ET PLUS BAS AUSSI!
OUI, MAIS ENFIN... QUELLE IDÉE DE CASSER UN ESSIEU ICI!
TU CROIS QUE JE L'AI CHERCHÉ AU RADAR CET ENDROIT!
FLASH!
MRT!

RRR ...
ZZZ ...
SNORT!
RRR RONFL SNURF ...
INSUPPORTABLE! CES GENS FONT LA FÊTE TOUTE LA NUIT ET DORMENT LA JOURNÉE !...
COMMENT FONT-ILS POUR DORMIR ?... ILS NE COUPENT JAMAIS LA MUSIQUE.
LÀ-DESSUS, J'AI MA PETITE IDÉE...
FAUT QU'ON EN PARLE AU BOSS !...
ON Y VA !
OUAIS !
VOUS DEVEZ FAIRE QUELQUE CHOSE ! DÉJÀ QU'ILS SONT PÉNIBLES LE JOUR, MAIS ALORS LÀ, LA NUIT...
ON PASSE NUIT BLANCHE SUR NUIT BLANCHE !
ON A LES BOULES !!!
PROMO
PAIN FRA
ORANG
LE SOMMEIL EST ESSENTIEL, JE VAIS VOIR CE QUE JE PEUX FAIRE...
JE VAIS AGIR !
OUF !
AAAH ...
BIEN !
AGISSONS DONC... MAIS COMMENT ?
LE PLUS SIMPLE EST SOUVENT LE PLUS EFFICACE, ATTAQUONS LE PROBLÈME À BRAS-LE-CORPS !
TOUT COMPTE FAIT... PEUT-ÊTRE PAS À BRAS-LE-CORPS...
PIET BUHL
VOICI, MES AMIS ET NON MOINS CLIENTS, LA SOLUTION ! J'AI TOUT SPÉCIALEMENT OUVERT POUR VOUS CE NOUVEAU RAYON DANS L'ÉPICERIE DU CAMPING !
POUR DES NUITS TRANQUILLES BOULES QUIÈS
F1 MOINS 30 DÉCIBEL
LE BOUCHON D'OREILLE EN MOUSSE
PROMO ! OUATE 30%
QUIÈS
SILENCE !

WOUAH ! SUPER NOTRE NOUVELLE TENTE !
Z'AVEZ VU ? MATELAS DEUX PERSONNES ! CET ÉTÉ, JE MISE SUR LE CONFORT POUR RAMENER DE LA MEUF À LA TENTE !
PAF
PAF
SEUL PROBLÈME, C'EST UN BOULOT DE DINGUE À GONFLER !
EUH...
PFFF MPFF PFFFF
NICO, SI TU VEUX NOTRE AVIS, TU TE FATIGUES POUR RIEN !
QUOI ?!
MPFFF MPFFF MPFF
VOUS CROYEZ... PFFF... PEUT-ÊTRE... PFFF... PFFF... QUE CHUIS PAS CAP... PFFF... DE LEVER... PFFF... UNE... GONZESSE ?
MAIS NON, TE FÂCHE PAS, MAN !
AU LARGE LES JALOUX, J'AI UN MATELAS À GONFLER MOI !
MPFFF RHÂÂÂ MPFFF PUF ! MPFF PFFF MPFFF MPFFF PFFF MPFFF
QUELLE FILE AUX DOUCHES !
OUAIS !... TIENS, NICO A FINI !
PFFF ARF POUF RHAA
AHÂÂÂ, VOUS ARRIVEZ À TEMPS POUR ASSISTER À MON TRIOMPHE, BANDE DE QUICHES !
OUAIS, LE TRIOMPHE DE LA TRUFFE QUI NE SAIT PAS QU'IL FAUT RENTRER LE MATELAS DANS LA TENTE AVANT DE LE GONFLER !

CAMPER EST UNE ACTIVITÉ PLEINE D'EMBÛCHES. SEUL LE CAMPEUR EXPÉRIMENTÉ S'EN SORT...
LE CAMPEUR EXPÉRIMENTÉ ENFERME SA NOURRITURE HERMÉTIQUEMENT...
?!
LE CAMPEUR EXPÉRIMENTÉ S'ÉQUIPE POUR ALLER AUX TOILETTES!...
SNURF
ET M...
LE CAMPEUR EXPÉRIMENTÉ ÉTEINT SA LAMPE AVANT DE SE DÉSHABILLER...
YES!
SI SEÑOR!
ARF!
PRÛUT PRRRR PFFFFFR
LE CAMPEUR EXPÉRIMENTÉ CHOISIT JUDICIEUSEMENT L'ÉVIER OÙ IL SE BROSSE LES DENTS...
LE CAMPEUR EXPÉRIMENTÉ VÉRIFIE LE CONTENU DE SA BOUILLOIRE AVANT D'Y METTRE DE L'EAU...
YEAH!
TEA TIME!
?
MEOW
WAF WAF WAF WAF
LE CAMPEUR EXPÉRIMENTÉ NE VA PAS AUX SANITAIRES AVEC SON CHIEN...
EN FAIT, LE CAMPEUR EXPÉRIMENTÉ NE FAIT PAS DE CAMPING!
ZZZ...
HÔTEL
BAR-TABAC-PMU de la PL

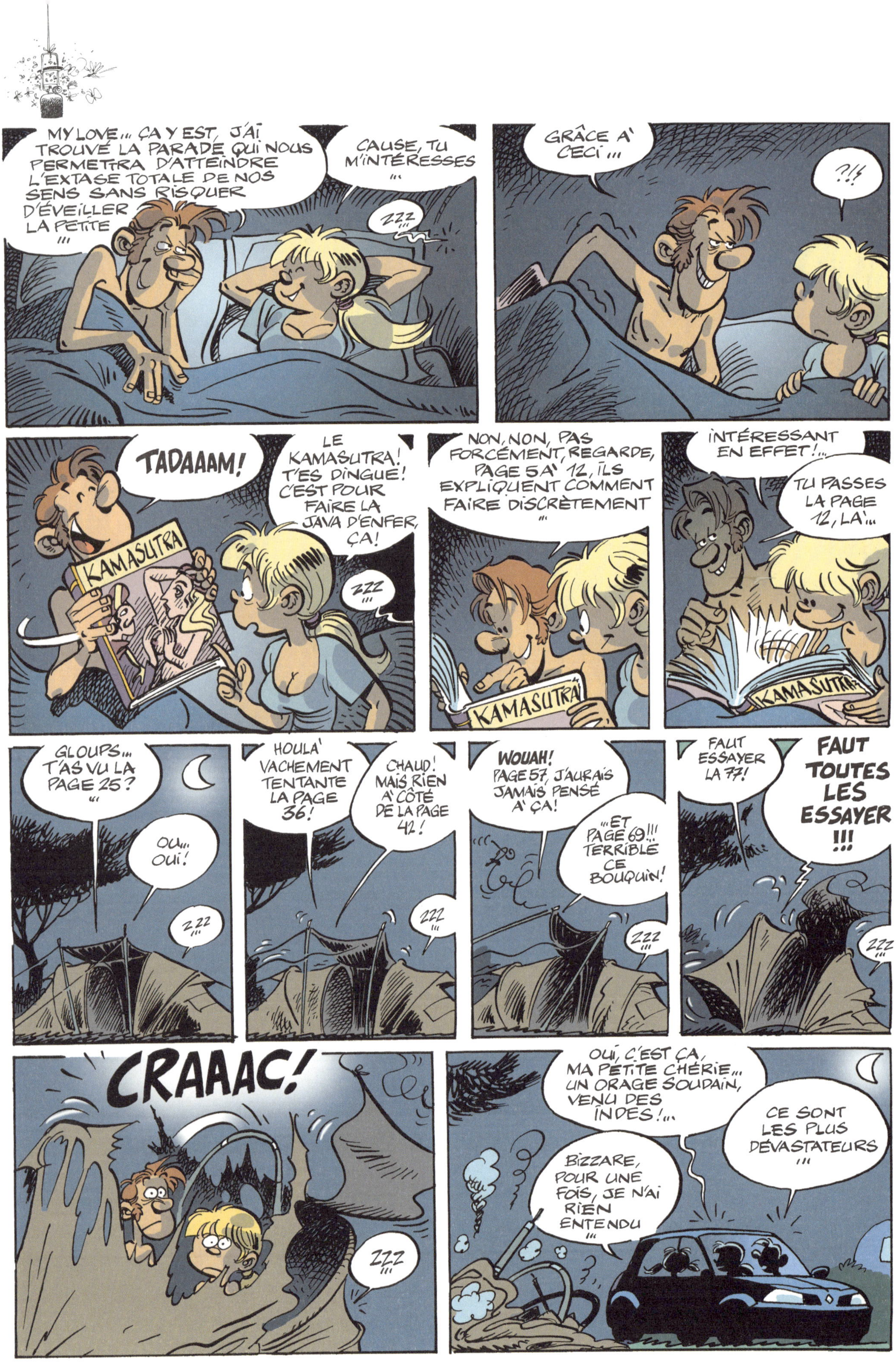
MY LOVE... ÇA Y EST, J'AI TROUVÉ LA PARADE QUI NOUS PERMETTRA D'ATTEINDRE L'EXTASE TOTALE DE NOS SENS SANS RISQUER D'ÉVEILLER LA PETITE ...
CAUSE, TU M'INTÉRESSES ...
ZZZ ...
GRÂCE À CECI ...
?!¿
TADAAAM!
LE KAMASUTRA! T'ES DINGUE! C'EST POUR FAIRE LA JAVA D'ENFER, ÇA!
KAMASUTRA
ZZZ ...
NON, NON, PAS FORCÉMENT, REGARDE, PAGE 5 À 12, ILS EXPLIQUENT COMMENT FAIRE DISCRÈTEMENT ...
KAMASUTRA
INTÉRESSANT EN EFFET!...
TU PASSES LA PAGE 12, LÀ...
KAMASUTRA
GLOUPS... T'AS VU LA PAGE 25? ...
OU... OUI!
ZZZ ...
HOULA! VACHEMENT TENTANTE LA PAGE 36!
CHAUD! MAIS RIEN À CÔTÉ DE LA PAGE 42!
ZZZ ...
WOUAH! PAGE 57, J'AURAIS JAMAIS PENSÉ À ÇA!
...ET PAGE 69!!! TERRIBLE CE BOUQUIN!
ZZZ ...
FAUT ESSAYER LA 77!
FAUT TOUTES LES ESSAYER !!!
ZZZ ...
CRAAAC!
ZZZ ...
OUI, C'EST ÇA, MA PETITE CHÉRIE... UN ORAGE SOUDAIN, VENU DES INDES!...
CE SONT LES PLUS DÉVASTATEURS ...
BIZZARE, POUR UNE FOIS, JE N'AI RIEN ENTENDU ...

ET VOILÀ! TROIS MAGUENOUM, ÇA FERA 6 EUROS!
T'AS DE LA MONNAIE, TOI? JE N'AI QU'UN BILLET.
CHEZ YVETTE
BUVETTE
MAGUENOUM
I SCREAM
PAPIE
CHAIS CHUPER DE... SLURP, CRUNCH... POUVOIR SE PAYER, MIAM... CE QU'ON VEUT, QUAND ON VEUT...
OUAIS, VOUS FAITES QUOI COMME PETIT BOULOT, VOUS?
MOI, JE FAIS DU BABY-SITTING POUR TÉLÉPHONE PORTABLE POUR LES GENS QUI N'ONT PAS L'ÉLECTRICITÉ SUR LEUR EMPLACEMENT...
COOL!
COOL!
MOI, JE REMPLIS DES JERRICANS D'EAU POUR LES VIEUX QUI SONT LOIN DES FONTAINES...
MOINS COOL!
MOI, JE VENDS DES PIÈGES À GUÊPES DE MA FABRICATION...
3€
CLASSIQUE!
ET TOI, TU BOSSES PAS?...
SI!
...POUR LES TROIS DRAGUEURS... HIER SOIR, J'AI ALLUMÉ UN SPOT DERRIÈRE LA TENTE D'UNE FILLE PENDANT QU'ELLE SE DÉSHABILLAIT...
?!
SUPER COOL!
BOF! LES DRAGUEURS N'AVAIENT PAS D'ARGENT!
M'ENFIN! Y'A BIEN QUELQU'UN QUI T'A DONNÉ QUELQUE CHOSE POUR ÇA?
BEN, OUI... LA FILLE!
PAS COOL DU TOUT!

BAMBOO
INTERNATIONAL
EDDY. K
OFFICIAL
TOUR
HEUREUSEMENT, IL Y A LE TOUR DE FRANCE À LA TÉLÉ ... Y S'PASSE JAMAIS RIEN SUR CETTE ROUTE ...
C'EST PAS UNE RAISON POUR METTRE LE SON AUSSI FORT !!!
PANTY

ON VA ÊTRE BIEN ICI!
OUI.
T'AS VU?
LA NOUVELLE TENDANCE, LES TENTES IMPRIMÉES. ÇA ENVAHIT LES CAMPING.
TROP COOL, LE LOOK JEANS!
LE LOOK JUNGLE!... J'ADORE!
MOUAIS...
REGARDE! SUPER ORIGINAL, UNE TENTE "BANLIEUE"!
...ET, À CÔTÉ, UN MODÈLE "SEVENTIES", RAVAGEUR!
MMH... BOF!
FLOP
MOI, J'AI CRAQUÉ POUR L'ANTIQUITÉ.
PAX DORMITORUM
SYMPA! MAIS TU SAIS BIEN, MOI, IL FAUT QU'ON ME VOIE...
...IL ME FAUT DU FASHION, DE L'UNIQUE. CETTE TENTE, JE L'AI ARRACHÉE DE HAUTE LUTTE, DIRECTEMENT SUR LE STAND DE LA MARQUE AU DERNIER SALON DES VACANCES...
AH ÇA, POUR ÊTRE VUE, TU VAS ÊTRE VUE!...

RÉVEILLE TON PÈRE, ON PASSE À TABLE!
ÇA ROULE!
RRRZ RRRZ
PSCHIIIT!
«HEIN QUOI? «UNE BIÈRE» ?!
IMPARABLE!
HA, HA, HA!
LAMENTABLE!
GLOU GLOU GLOU
WOUARF! BIEN BOUFFÉ!
OUAIS SOIF!
BORPS PRRT
RRRR RRRZ RRRZ
PSCHIIIT!
HEIN, QUOI? UNE BIÈRE ?!
CES VOISINS SONT INSUPPORTABLES!
CE SERAIT PARFAIT SI ON POUVAIT LES FAIRE FUIR LOIN...
MAIS LOIN, ALORS!
TANGUY, VOICI L'OCCASION RÊVÉE DE TE FAIRE ACCEPTER AU SEIN DE CE CAMPING!
JE TE VAIS LEUR TAGUER DE CES MENACES DE MORT AVEC EN PRIME LA SIGNATURE DE LA COSA NOSTRA ...
PARFAIT, ILS DORMENT COMME DES LOIRS, AUCUN RISQUE DE LES RÉVEILLER ...
RONFL RZZR
CLOC CLOC CLOC
PSCHIIIT
PAINT
ÇA ALORS! COMMENT T'AS FAIT POUR LE REPÉRER, P'PA?
CHAIS PAS, MAIS ÇA M'A DONNÉ UNE DE CES SOIFS...

WOUAH, HA, HA!!!
PROUT
FROUTCH
JE N'EN PEUX PLUS!
MON MARI PRÉSENTE DES TROUBLES OBSESSIONNELS !!!
FAUT CHANGER D'HORIZON, JE VAIS CRAQUER!!!
J'AI UNE IDÉE ÉCOUTEZ !!!
PLOING
UNE IDÉE + TARD...
VOILÀ UNE IDÉE QU'ELLE EST BONNE! TOUS AUX VOITURES!
CAMPING
VROUP
TRA
C'EST LÀ!
C'EST LOIN, MAIS ÇA VAUT LE VOYAGE!
VOUS ÊTES DRÔLEMENT BIEN ICI!
VROOOO
OUAIS, PAS UN VOISIN À L'HORIZON!
VROUM
VOUS NE CONNAISSEZ PAS VOTRE BONHEUR!

A' TES SOUHAITS, CHÉRI !..
BERCI, SNURFLLL...
RAPID
PIET BUHLL
KRO

À DROITE
RECULE!
OK, C'EST BON.
RIGATONI PREMIER À PARIS
L'ÉQUIPE
TIENS, DES NOUVEAUX!
WHAAA WHAAA
WHAA
WHAAAWHAA
WHAAA
WHAAA
WHAF
GRÔÔÔÔ
WOUF
GRÔÔÔÔÔ
BOLOM BOLOM BOLOM
GRÔÔÔÔ
GRÔÔÔÔ
GRÔÔÔ
DÉSOLÉ DE VOUS AVOIR FAIT PEUR, CHER VOISIN...
VOUS COMPRENEZ, POUR NOUS LES CAMPING-CARISTES, QUI SOMMES PARTOUT SUR LES ROUTES, L'ENNEMI NUMÉRO UN, C'EST LES CAMBRIOLEURS. COMME ON EN AVAIT MARRE, ON A PRIS DES CHIENS!...
TIENS, CHÉRIE.
GRÔÔÔÔ
GRÔÔÔÔ
GRÔÔÔÔ
ET CROYEZ-NOUS, PERSONNE N'OSE PLUS METTRE LES PIEDS DANS NOTRE CAMPING-CAR!!!

ILS S'EN VONT!
WÉÉÉH!
ONY VA! AU PLUS VITE ILS DÉGAGERONT, AU MIEUX CE SERA!
BEN, MERCI LES GARS. VOUS NOUS AVEZ FILÉ UN SÉRIEUX COUP DE MAIN!
QUAND NOUS AVONS APPRIS QUE VOUS DEVIEZ LIBÉRER L'EMPLACEMENT POUR DEMAIN MATIN NOUS NOUS SOMMES DIT QU'UN PEU D'AIDE SERAIT BIENVENUE.
ENTRE VOISINS, C'EST NATUREL!
LA CARAVANE EST PLEINE À CRAQUER, ON N'Y GLISSERAIT PAS UNE CARTE À JOUER!
IL DOIT BIEN RESTER DEUX OU TROIS HEURES DE LUMIÈRE DU JOUR ...
EN PARTANT MAINTENANT ...
ÇA VOUS AVANCERAIT ...
PAS QUESTION!
... PAS SANS BOIRE LE POT DE L'AMITIÉ ! J'AI JUSTEMENT DEUX PACKS DE 36 BIÈRES QUI N'ENTRAIENT PAS DANS LA CARAVANE ...
UN PEU + TARD...
PLUNK!
NAPOLÉON AVAIT 500 SOLDATS
OHÉ!... ET ENCORE UN COUP!
BEUARK...
DITES, ON NE PEUT PAS LES LAISSER PRENDRE LA ROUTE ET LEUR CARAVANE EST BOURRÉE! VOUS N'AURIEZ PAS UN ENDROIT POUR LES LOGER?
MOI? NON!
RRRZZZZ
HIPS
BURPS!
YOHOO! À BOIRE!
PROUT!
HIPS
LE CAUCHEMAR NE FINIRA DONC JAMAIS!
RONFL!
CHEVALIER DE LA TABLE RONDE ...
HIPS
BORPS
BEUARK!

À LA REVOYURE ! ET SANS RANCUNE POUR LES PETITS DÉSAGRÉMENTS, HEIN ?!
...C'EST ÇA ! ALLEZ MOURIR AU FOND DU RAVIN BANDE DE NAZES !
?!!!
TARARARI-TA TARATARI-TA
BRÔÂ
ALLONS, C'EST FINI, IL FAUT SAVOIR PARDONNER !
PARDONNER, JE VEUX BIEN, MAIS T'AS VU DANS QUEL ÉTAT ILS ONT LAISSÉ L'EMPLACEMENT !
...CÉCILE ET ALBERT ARRIVENT DEMAIN...
QU'À CELA NE TIENNE, AU TRAVAIL !
LAISSE AINSI, TU NETTOIERAS ÇA DEMAIN EN 2 MINUTES...
EN PLUS, ON EST SÛRS DE NE PAS VOIR DE CAMPEURS DE PASSAGE S'INSTALLER...
C'EST DUR CE QUE TU ME DEMANDES... MAIS SI NOTRE TRANQUILLITÉ EST À CE PRIX...
ZZZZ...
SNIF, SNIF ?
C'EST QUOI CETTE PUANTEUR ?
CE N'EST RIEN MON ANGE, QUELQUES DÉCHETS À ÉVACUER... CE SERA FAIT EN 2 MINUTES...
PRATIQUE, CE NOUVEL ENDROIT POUR METTRE LES POUBELLES.

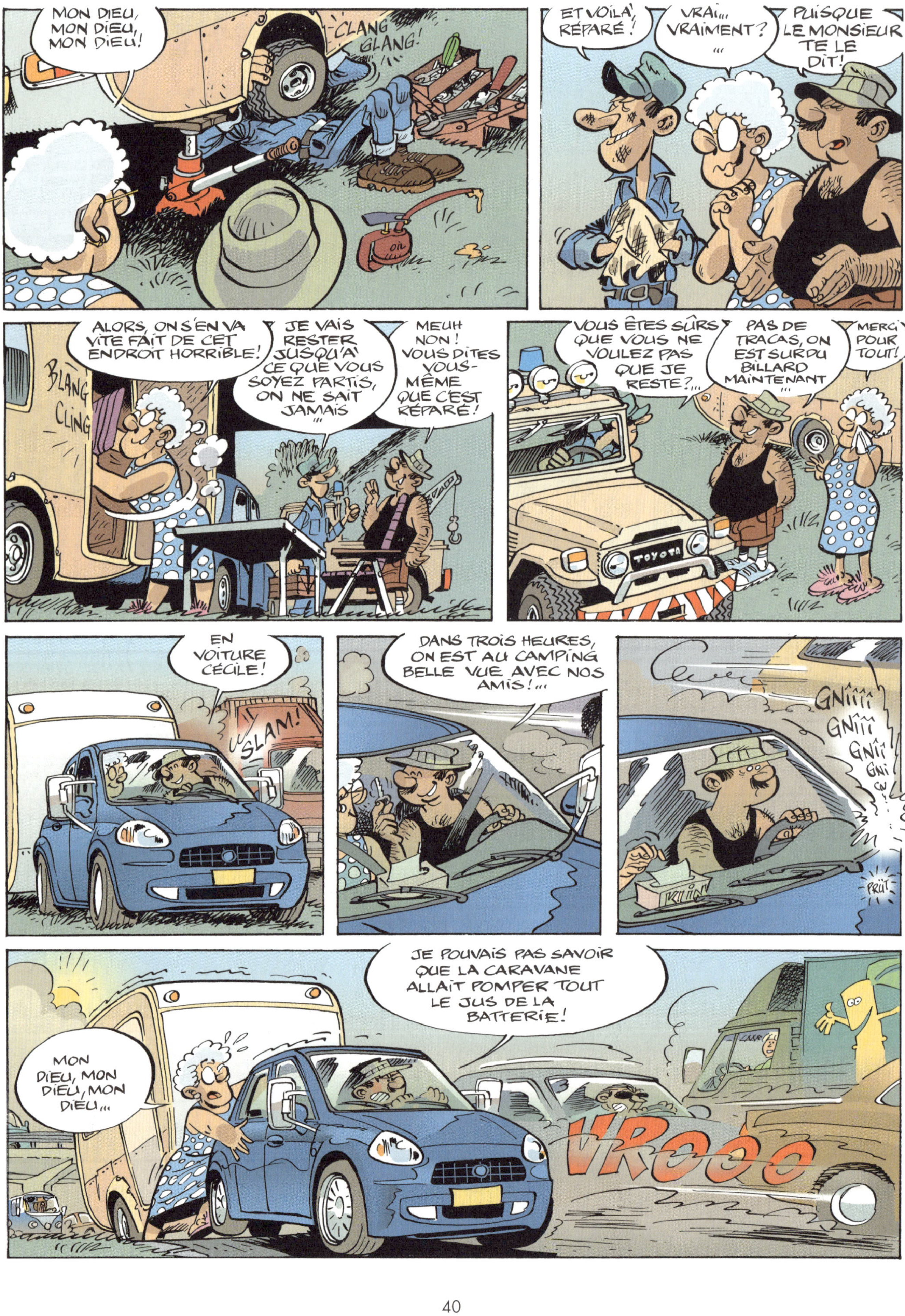
MON DIEU, MON DIEU, MON DIEU!
CLANG GLANG!
ET VOILÀ, RÉPARÉ!
VRAI... VRAIMENT? ...
PUISQUE LE MONSIEUR TE LE DIT!
ALORS, ON S'EN VA VITE FAIT DE CET ENDROIT HORRIBLE!
BLANG CLING
JE VAIS RESTER JUSQU'À CE QUE VOUS SOYEZ PARTIS, ON NE SAIT JAMAIS ...
MEUH NON! VOUS DITES VOUS-MÊME QUE C'EST RÉPARÉ!
VOUS ÊTES SÛRS QUE VOUS NE VOULEZ PAS QUE JE RESTE?...
PAS DE TRACAS, ON EST SUR DU BILLARD MAINTENANT ...
MERCI POUR TOUT!
EN VOITURE CÉCILE!
SLAM!
DANS TROIS HEURES, ON EST AU CAMPING BELLE VUE AVEC NOS AMIS!...
GNîîî GNîîî GNîî GNî
PRÛÎ
JE POUVAIS PAS SAVOIR QUE LA CARAVANE ALLAIT POMPER TOUT LE JUS DE LA BATTERIE!
MON DIEU, MON DIEU, MON DIEU...
VROOO

VROO
BRÊÊ
WHAMMM
COMMENT ?...
ÔÔÔ
JE DISAIS QUE LA NOUVELLE BATTERIE EST EN PLACE. ON PEUT PARTIR!
VROU
HEUREUX DE QUITTER CET ENDROIT BRUYANT!
TÜÜÜ
VRO
AAAH! NOTRE CAMPING ADORÉ, ENFIN!
TU CROIS QU'ILS NOUS ATTENDENT?...
CAMPING BELLE-VUE
ACCUEIL
BIENVENUE CÉCILE & ALBERT
ALBERT, VIEUX FORBAN, ÇA FAIT PLAISIR DE TE VOIR ENFIN!
MERCI POUR L'ACCUEIL, C'EST TRÈS SYMPA!...
ET VOILÀ, ILS S'INSTALLENT...
IL EST TEMPS DE PROFITER DU PLAISIR DE LES AVOIR EUX COMME VOISINS...
LE CALME!
REPOS...
CÉCILE, IL EST OÙ, LE SEL!?
DANS L'ARMOIRE, À GAUCHE DE LA PENDERIE EN HAUT!
J'TROUVE PAS!!!
DERRIÈRE LE POT À SUCRE QUE TU AS REÇU POUR LA FÊTE DES PÈRES EN 1972!
C'EST PAS VRAI!... ILS FONT UNE BLAGUE, LÀ?...
OUI, IL VA FALLOIR DU TEMPS POUR QU'ON PERDE CETTE HABITUDE DE CRIER À CAUSE DU BRUIT DES VOITURES...
TU DIS?

PATRON, IL EST DE MON DEVOIR DE VOUS SIGNALER QUE SI VOUS VOULEZ FAIRE RESPECTER L'ORDRE ET LA DISCIPLINE DANS CE CAMP, VOUS DEVRIEZ EXHIBER LE RÈGLEMENT À LA VUE DE TOUT UN CHACUN.
MURF?
Accueil
PAR EXEMPLE, UN PANNEAU À L'ENTRÉE DU CAMP : « DÉFENSE DE FAIRE DU BRUIT APRÈS 22 HEURES ».
J'Y PENSERAI, MONSIEUR RUSTINE, J'Y PENSERAI...
ICI, IL Y AURAIT EU UN PANNEAU « DÉFENSE DE LAISSER DES CHEVEUX DANS LE LAVABO », CE PROBLÈME N'EXISTERAIT PAS !
« INTERDIT DE DÉPASSER LES 10 KM / HEURE », FINI LES FRAYEURS...
« INTERDIT DE MONTER AUX ARBRES » NON ?
UN PANNEAU « DÉFENSE DE PRENDRE SA DOUCHE À PLUSIEURS » AURAIT ÉVITÉ CETTE CASSE !
DOUCH
ET ICI ! « DÉFENSE DE GASPILLER L'EAU »...
BON !
JE VOUS AI ÉCOUTÉ, RUSTINE. VOICI MON PREMIER PANNEAU...
AH !
DÉFENSE DE CASSER LES PIEDS AU PATRON !

VROUM!
?
...ET BUITONI MET TOUTE LA SAUCE!
UN JEUNE COUPLE! C'EST SANS SOUCIS, ÇA!...
AAAH... PARFAIT. C'EST BIEN GRAND!
SUPER!
BOBO22
AU TRAVAIL!
BROUF!
VROUF...
VROUF VROUF
CLIC CLAC
ZOING
QUELLE TENTE! JE N'OSE IMAGINER CE QU'UN JEUNE COUPLE PEUT FAIRE DANS UN ESPACE AUSSI GRAND...
PAF PAF
ET HOP! A L'ABRI, LA TITINE!
PAF PAF
VRRRRRRRRRRRR

ET HOP!
C'EST COOL QUAND ON NE DOIT PAS SE LEVER DE TABLE POUR VIDER LES MIETTES DE SON ASSIETTE!
EUH... OUI! MAIS À NE PAS FAIRE À LA MAISON!...
?
HÉ, VENEZ VOIR, IL Y A DES FOURMIS QUI EMMÈNENT LES MIETTES!
WOUAW!!! L'ENTOMOLOGISTE QUI DORT EN MOI SE RÉVEILLE!
C'EST QUOI, UN ENTOLOLOGISTE?
CHAIS PAS, UN TRUC QUI DORT APPAREMMENT.
REGARDEZ COMME CES BRAVES PETITES OUVRIÈRES TRIOMPHENT DES PIRES OBSTACLES!
... UNE HEURE QUE NOUS OBSERVONS ET VOYEZ, TOUJOURS CE COURAGE, CETTE PERSÉVÉRANCE POUR QUELQUES BOUTS DE PAIN!...
CROYEZ-MOI, ELLES NE LAISSERONT PAS UNE MIETTE DE NOTRE REPAS!

*VOIR ALBUM N° 1

IL FAIT FROID, TRÈS FROID, EN CETTE SOIRÉE DU 12 DÉCEMBRE ...
...POURTANT, DES GENS DORMENT DANS LA RUE. ILS MANIFESTENT AU NOM DU DROIT AU LOGEMENT POUR TOUS. POUR LES SOUTENIR, ILS ESPÈRENT QUE VOUS SEREZ NOMBREUX À LES REJOINDRE...
LOGEMENT
TU FAIS QUOI MAMOUR ?
JE CHERCHE LA PETITE TENTE !
MON CHOIX EST FAIT MA MIE, JE VAIS CAMPER DEHORS !
RUDEX
C'EST TRÈS IMPORTANT, NOTRE FILS AUSSI POURRAIT SE TROUVER À LA RUE...
C'EST TOUT À TON HONNEUR, BICHON.
M'Y VOILÀ, COURAGE !...
LYCÉE CLOVIS
LES ENFANTS DE FRANCE
SOUFFREZ MONSIEUR QUE VOUS FASSIEZ LA FILE COMME TOUT LE MONDE !
DIRE QU'IL N'Y A QUE TRENTE PLACES DISPONIBLES !
VOUS DÉRAISONNEZ MON BRAVE... UN de SULPICE DU CHARNAY NE FAIT JAMAIS LA FILE !
INSCRIPTION DES ÉLÈVES À PARTIR DU 15 DÉCEMBRE À 8H00

À découvrir aux éditions BAMBOO

12 tomes + 1 n° spécial

Les Profs
Scénario : Erroc
Dessins : Pica

12 tomes + 1 bêtisier

Les Gendarmes
Scénario : Sulpice & Cazenove
Dessins : Jenfèvre

9 tomes

Les Pompiers
Scénario : Cazenove
Dessins : Stédo

11 tomes

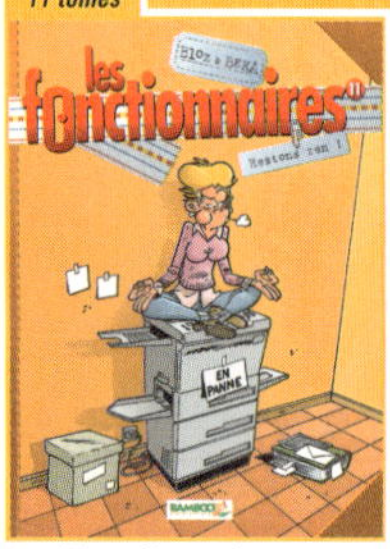

Les Fonctionnaires
Scénario : Béka
Dessins : Bloz

TOME 11
SEPT. 10

7 tomes

L'Auto-école
Scénario : Cazenove
Dessins : Amouriq

6 tomes

Les Commerciaux
Scénario : Plumeri & Boitelle
Dessins : Bloz

8 tomes

Les Toubibs
Scénario : Gégé & Bélom
Dessins : Sirvent

4 tomes

Les Informaticiens
Scénario : Reynès & Brrémaud
Dessins : Krings

4 tomes

Les Musicos
Dessins & Scénario :
Janvier & Co

2 tomes

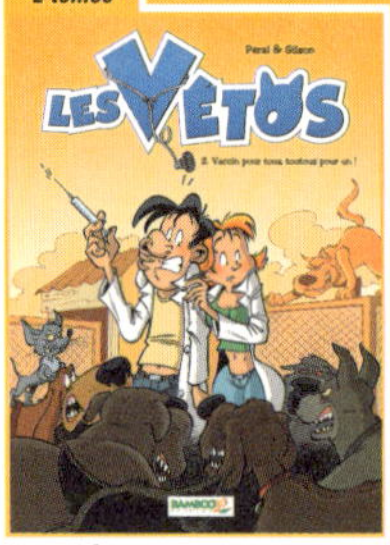

Les Vétos
Scénario : Gilson
Dessins : Peral

8 tomes

Les Footmaniacs
Scénario : Jenfèvre & Sulpice
Dessins : Saive

7 tomes

Basket Dunk
Scénario : Cazenove & Plumeri
Dessins : Mauricet

6 tomes

Les Vélomaniacs
Scénario : Garréra
Dessins : Julié

8 tomes

Les Rugbymen
Scénario : Béka
Dessins : Poupard

1 tome

Le Chantier
Scénario : Olis
Dessins : Olis

1 tome

Ma belle-mère et moi
Scénario : Cazenove
Dessins : Wozniak

2 tomes

Agence Touristes
Scénario : Sapin
Dessins : Delsaux

1 tome

Éden, le globe-trotteur
Scénario : Cazenove
Dessins : du Peloux

4 tomes

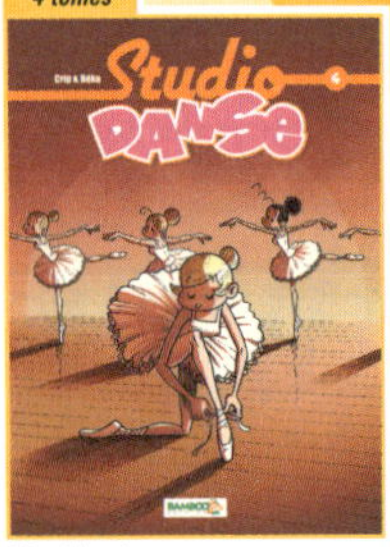

Studio danse
Scénario : Béka
Dessins : Crip

4 tomes

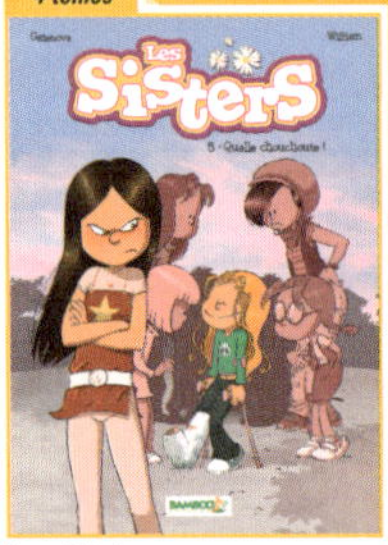

Les Sisters
Scénario : Cazenove
Dessins : William

TOME 5
NOV. 10

5 tomes

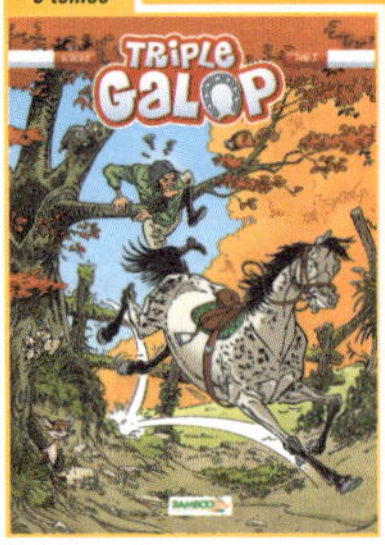

Triple galop
Scénario : du Peloux
Dessins : du Peloux

1 tome

Gullia
Scénario : Cazenove
Dessins : Vervisch

2 tomes

Si j'étais grande…
je serais star
Scénario et dessins : Curd Ridel

1 tome

Roméo & Juliette
Scénario : Erroc
Dessins : Rodrigue

1 tome

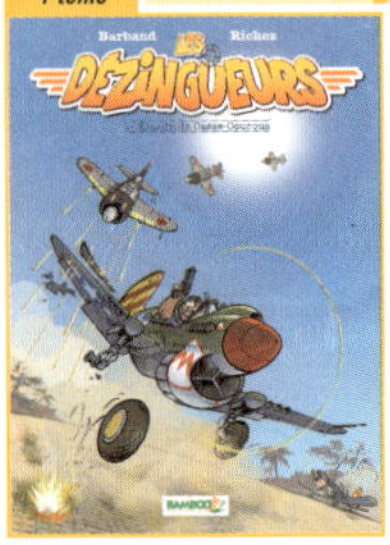

Les Dézingueurs
Scénario : Richez
Dessins : Barbaud

5 tomes

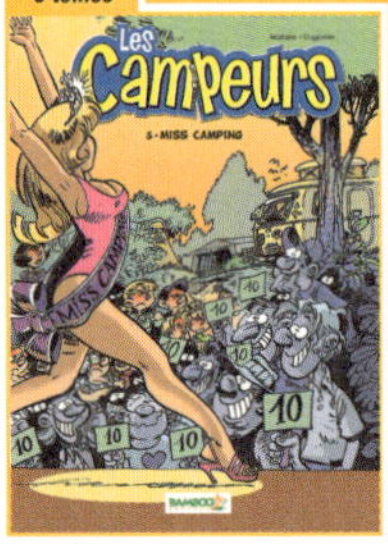

Les Campeurs
Scénario : Swinnen & Dugomier
Dessins : Maltaite

2 tomes

Les Fondus de moto
Scénario : Richez & Cazenove
Dessins : Bloz

7 tomes

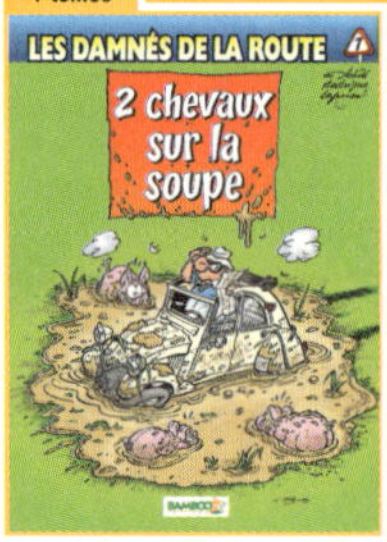

Les Damnés de la route
Scénario : Lapuss'
Dessins : Achdé & Rodrigue

2 tomes

Cosmic Patrouille
Scénario : Mauricet
Dessins : Mauricet

2 tomes

Toutou & cie
Scénario : Brrémaud & Reynès
Dessins : Soffritti